Salzburg lieben lernen

*Der perfekte Reiseführer für einen unvergessli-
chen Aufenthalt in Salzburg inkl. Insider-Tipps,
Tipps zum Geldsparen und Packliste*

Frauke Ahlers

✈ INHALT

Das erwartet Sie in diesem Buch   1

Kulturmetropole Salzburg   3

Anziehungspunkt für Jung und Alt   *3*

Ein kleiner historischer Abriss   6

Der Ursprung der Stadt   *6*

Historische Einflüsse Salzburgs   *7*

Salzburg heute   *8*

Ein Spaziergang durch die Stadt   10

Durch Salzburg zu Fuß   *10*

Festungsberg und historische Altstadt   *11*

Über die Linzer Gasse zum Kapuzinerberg   *22*

Spaziergang an der Hellbrunner Allee   *27*

Auf den Gaisberg und entlang der Salzach   *32*

Das Salzburger Land   36

Wandern in und um Salzburg   *36*

Flüsse, Seen, Burgen und Berge   *39*

Für den regnerischen Tag   *42*

Für kleines und großes Geld   45

Salzburg kulinarisch   *45*

Ein Käffchen für den Weg   *50*

Anreise, Unterkunft und öffentlicher Verkehr   *54*

Das Herz der Stadt   58

    Veranstaltungen das ganze Jahr   *58*

    Zum Fortgehen   *65*

    Der Salzburger und seine Stadt   *68*

Abschluss   70

    Kleine Highlights   *70*

    Ein Wort zum Abschied   *72*

Das erwartet Sie in diesem Buch

Die Alpenstadt Salzburg lockt Touristen aus aller Welt seit jeher mit ihrer Fülle an musikalischen, historischen und sportlichen Angeboten an. Aber kennen Sie Salzburg wirklich? Kommen Sie mit auf eine kleine Reise durch die österreichische Kulturstadt und lernen Sie Salzburg kennen, wie Sie es noch nie getan haben. Lassen Sie sich entführen in eine Welt des Genusses, vom Salzkammergut bis zum Almkanal, über die Stadtberge bis hin zu den historischen Gebäuden der

Innenstadt. In diesem Buch erfahren Sie nicht nur, wo Sie günstig speisen, wie die Salzburger leben und wo Geschichte geschrieben wurde, sondern Sie lernen Salzburg auch von einer persönlichen Seite kennen. Denn diese Stadt hat so viel mehr zu bieten, als der Massentourismus es vermuten lässt!

Mehr als sieben Millionen Touristen pilgern jährlich zu der malerischen österreichischen Stadt, welche Geburtsort von Mozart und Wahlheimat vieler bekannter Künstler ist. Lernen Sie die Stadt besser kennen, indem wir Sie auf einen Spaziergang durch ihre Straßen mitnehmen. Dabei verraten wir Ihnen nicht nur Spartipps und -tricks, sondern auch kleine Geheimnisse über die verzauberten Orte, die diese Stadt so besonders machen. Wir hoffen, dass wir Ihnen Lust auf Salzburg machen können und Ihr Auge für manches Ungesehene öffnen. Denn auch abseits der touristischen Anziehungspunkte ist Salzburg vor allem eines: erlebbar.

Kulturmetropole Salzburg

ANZIEHUNGSPUNKT FÜR JUNG UND ALT

Warum Salzburg? Haben Sie sich darüber schon einmal Gedanken gemacht? Wer sich für diese Stadt als Urlaubsziel entscheidet, hat meist ein bestimmtes Bild vor Augen. Es gibt viele Geschichten über die Stadt im österreichischen Salzkammergut, und viele märchenhafte Motive, die sich auf Postkarten und im Internet finden lassen. Im Gegensatz zu anderen Städten kann Salzburg all diesen Erwartungen aber standhalten und enttäuscht selten, mit all den vielfältigen Facetten, die es zu bieten hat.

Für denjenigen, der noch nie in Salzburg war, ist die Stadt auf den ersten Blick zumeist eines: atemberaubend. Malerisch, die Gemäuer aus alter Zeit, die vor den Stadtbergen hervortreten und harmonisch, wie sich die Salzach zwischen den Häusern schlängelt und Salzburg so in Ost und West, Nord und Süd teilt. Seit jeher ist die Stadt ein Anziehungspunkt für Menschen aus aller Welt; Touristen kommen nach Salzburg wegen des großen kulturellen Angebotes, den Wander- und Skifahrmöglichkeiten in der Umgebung, der historischen Spuren der Stadt oder um einfach mal eine Auszeit zu nehmen. Was aber macht Salzburg so besonders?

Vielfalt und Tradition

Die Stadt rühmt sich neben den nur allzu bekannten Salzburger Festspielen auch eines großen kulturellen Programmes, das sich über das ganze Jahr erstreckt. Hier gibt es alles, für Jung und Alt, für die Liebhaber des Minimalismus' und für die Freunde der Klassik. Die geografische Lage der Stadt macht sie zu einem Allround-Talent. Wer spazieren gehen will in der Natur, der kann leicht auf die Stadtberge ausweichen, an der Salzach entlang schlendern oder aufs Land fahren. Diejenigen, die Shoppingfreunde sind, können sich in der historischen Altstadt, aber auch in den diversen Einkaufszentren der Stadt an hausgemachter Kunst oder den neusten Trends erfreuen. Hier gibt es einfach für jeden etwas.

Was es zu entdecken gibt

Wenn Sie schon einmal etwas von Salzburg gehört haben, dann bestimmt über Mozart, der hier geboren wurde, oder eine der zahlreichen Kirchen, die die Stadt zum schönsten Austragungsort der Theater- und Musikfestspiele im Sommer machen. Dennoch, abseits der Aushängeschilder der Stadt, gibt es so viel mehr zu entdecken als nur das. Tausende Menschen bevölkern die Stadt, ureingesessene Einheimische und Menschen aus aller Welt. Die Stadt beherbergt drei Universitäten und eine Fachhochschule – der internationale Austausch ist deutlich im Kulturprogramm sichtbar.

Um zu verstehen, was Salzburg so attraktiv macht, lohnt es sich daher, einen kleinen Abstecher in die Geschichte der Stadt zu machen. Denn was damals wichtig war, begleitet uns noch heute auf unserem Weg über die Kopfsteinpflaster der Salzburger Gassen.

Ein kleiner historischer Abriss

DER URSPRUNG DER STADT

Dass die Stadt schon eine sehr lange Vergangenheit mit sich trägt, ist sofort sichtbar, wenn man sie betritt. Alte, mittelalterliche Gemäuer reihen sich an Häuser aus dem Hochbarock, an Schlösser und Kaufmannsläden. Die ersten Spuren Salzburgs reichen bis ins vorchristliche Jahrhundert, Gegenstände aus dieser Zeit wurden in der Umgebung von Salzburg gefunden. Schon vor dem Mittelalter wurde Salzburg schließlich zur Bischofsstadt. Zunächst unter bayerischer Herrschaft, etablierte sich die Stadt erst spät als Teil von Österreich.

Zwischen Bergen im Tal gelegen ist das Salzburger Becken stets von großer Beliebtheit gewesen. Selbst Alexander von Humboldt schrieb einst, er hielte „die Gegenden von Salzburg, Neapel und Konstantinopel (...) für die schönsten der Erde". Sowohl geschichtlich als auch kunsthistorisch hat die Stadt schon viele Zeitalter miterlebt, was sich in ihren diversen Bauten zeigt.

HISTORISCHE EINFLÜSSE SALZBURGS

Der Einfluss der Kirche zeigt sich vor allem in Salzburgs vielen Gotteshäusern. Zeitweise ist die ganze Stadt durch Glockengesänge erfüllt, und auch Adventmärkte und musikalische Veranstaltungen sind häufig dadurch beeinflusst. Längst ist sie keine kirchlich geregelte Stadt mehr, aber diese Vergangenheit macht viel von Salzburgs sakralem Charme aus. Über die Klöster von Nonntal bis zum Kapuzinerberg und bis hin zu den versteckteren Kirchen kann man die kirchliche Geschichte der Stadt gut nachvollziehen und sich von ihr einnehmen lassen.

Gerade in den späteren Jahrhunderten wurde der Stadt aber auch abseits der Kirche große kulturelle Bedeutung beigemessen, gerade durch die musikalischen und künstlerischen Söhne und Töchter der Stadt. Da wären zum einen Mozart, der bekannteste von Salzburgs Emporkömmlingen, der hier geboren wurde und zeitweise gewirkt hat. Daran erinnert nicht nur die heutige große Bedeutung der Stadt für die Musikwelt, sondern auch einzelne Denkmale, Plätze, die nach ihm und Figuren aus seinen Stücken benannt wurden und die hohe Affinität der Salzburger, die sich auch im heutigen kulturellen Programm noch zeigt.

SALZBURG HEUTE

Durch all diese Bedingungen ist die Stadt geworden, was sie jetzt ist. Aber auch die moderne Welt zeigt sich in allen Facetten in der altertümlich wirkenden Stadt.

So ist die Universität Salzburg bereits 1622 gegründet und 1962 wiedererrichtet worden. Heute beherbergt allein sie über 18.000 Studierende, die für einen spannenden Spagat zwischen moderner Wissenschaft und alten Traditionen im Stadtbild sorgen. Verschiedene Institute unterstützen den Schwerpunkt des Wissensaustauschs und moderner

Technologien, wie die Robert-Jungk-Bibliothek für Zukunftsfragen.

Auf dem Markartsteg an der Salzach stehen längst nicht mehr Menschen mit Hüten und Spazierstöcken, sondern Personen aus aller Welt mit Selfie-Stick und Spiegelreflexkamera. Dennoch meistert die Stadt das Zusammenspiel aus gestern und morgen verwunderlich gut, vereint Fiaker und Sportautos in einem festlichen Zusammenspiel. Vielleicht hängt dies auch damit zusammen, dass man sich etwas zurück versetzt fühlt in ältere Zeiten, wenn man von den prächtigen Gebäuden des Hochbarocks umgeben ist und durch die sauberen Straßen der Innenstadt schlendert. Der Salzburger liebt seine Stadt und vereint dieses Gemüt in sich. Und wenn doch etwas Unvorhergesehenes kommt – „Des basst scho!".

Ein Spaziergang durch die Stadt

DURCH SALZBURG ZU FUß

Um Salzburg besser kennenzulernen, lohnt es sich, die Stadt als einen Spazierweg zu sehen. Natürlich kommen Sie auch mit dem Auto voran, und vor allem lohnt es sich, eines zu haben, um in die Umgebung hinaus zu fahren. Aber lassen Sie den Wagen auch einmal stehen, denn Salzburg ist eine wundervolle Stadt, um sie zu Fuß oder mit dem Rad zu entdecken!

In diesem Kapitel nehmen wir Sie mit in die Salzburger Innenstadt und auch darüber hinaus. Der Spaziergang ist natürlich nur in einem sehr straffen

Zeitplan an einem Tag zu schaffen – davon raten wir ab. Nehmen Sie sich Zeit für jedes einzelne unserer Ziele. In der kleinen Info-Box unter jedem Abschnitt fassen wir noch einmal alle Sehenswürdigkeiten zusammen, an denen wir vorbeilaufen. Diese sind im Text *kursiv* hervorgehoben. Alles lässt sich sicherlich nicht sehen, und was Sie sich genauer angucken ist Ihnen natürlich selbst überlassen.

Was ich persönlich besonders empfehle, hebe ich daher **fett** für Sie hervor – sozusagen ein „Muss" für jeden Besucher! Aber genug der langen Rede – lassen Sie uns losgehen.

FESTUNGSBERG UND HISTORISCHE ALTSTADT

Lassen Sie uns einen Spaziergang durch die Stadt machen. Auf der südlichen Salzachseite erstreckt sich unter dem Festungsberg die historische Altstadt Salzburgs, die von den meisten Hotels aus nur wenige Gehminuten entfernt ist. Wir starten am *Kloster in Nonntal*, welches direkt neben dem als „Unipark" bekannten Universitätsgebäude – einem Teil der Fakultät für Kultur- und Gesellschaftswissenschaften – liegt.

Von Nonntal bis zum Festungsberg

Nach dem Kloster ist auch der Bezirk Nonntal benannt, von welchem wir aus loslaufen. Bekanntheit erlangte das Kloster bereits durch den Film „The Sound of Music". In diesem bekannten Film aus den Fünfzigerjahren wird die Geschichte der Musikerfamilie Trapp romantisch und musikalisch erzählt. Obwohl fast überall auf der Welt Salzburg mit „The Sound of Music" verbunden wird, ist das Schmankerl vor allem in Deutschland und Österreich nicht sehr bekannt. Falls Sie sich auf Salzburg einstimmen wollen, lohnt es sich, dem Film eine Chance zu geben! Die Hauptdarstellerin beginnt zu Anfang ihre Reise im Frauenkloster Nonntal – Lassen Sie uns also auch von hier aus starten!

Um zum Stift Nonnberg zu gelangen, reicht es, eine schmale Gasse hinaufzulaufen. Das Kloster wurde bereits um 700 n. Chr. errichtet und gehört zum Stadtbild wie die Berge und die Salzach. Es gilt außerdem als das älteste Frauenkloster im deutschen Sprachraum und bietet somit einen großen historischen Mehrwert. Das Stift ist zur Besichtigung geöffnet, bereits ab 7 Uhr morgens, und nur zu Messezeiten geschlossen. Wer also einen Abstecher dorthin machen möchte, sei es um die Geschichte des Klosters, den eindrucksvollen, gotischen Altar oder auch aus Gefallen an dem Film, der sollte sich dies nicht entgehen lassen!

Über Stift Nonnberg kann man auf den Festungsberg, aber auch direkt in die Altstadt. Es sind keine 100 Meter, bis Sie in die Innenstadt gelangen und von weiteren, wunderschönen Bauten entzückt werden. Sie laufen vorbei an dem neu renovierten Justizgebäude, zu dem das Landesgericht Salzburg gehört. Vorbei daran führt das Kopfsteinpflaster durch mehrere malerische Gassen bis hin zum *Kapitelplatz* – einen der drei großen Plätze, die den Dom umgeben. Der Kapitelplatz ist vor allem durch die große, goldene Kugel erkennbar, die in seiner Mitte steht. Auf ihr thront ein Mann, den man in großem Schrecken zunächst mit einer echten Person verwechseln kann. Die goldene Kugel gehört zur „*Sphaera*", einem Gesamtkunstwerk zu welchem auch noch eine korrespondierende Frauenfigur gehört, die allerdings versteckt in einer Felsnische im Toscanihof zu finden ist. Im Sommer finden auf dem Kapitelplatz manchmal Open-Air-Kinosessions statt, die auch bei schlechterem Wetter recht gut frequentiert sind.

An der *Kapitelschwemme* vorbei lässt sich von hier aus einer der diversen Fußwege zur Festung hochgehen, oder aber auch die Festungsbahn nehmen – eine Fahrt dauert nur etwa eine Minute. Für diejenigen, die dieses Angebot in Anspruch nehmen wollen, empfiehlt es sich, sich ganz vorne ans Fenster in der Bahn hinzustellen – so haben Sie den besten Ausblick auf die Salzburger Innenstadt. Da der Aufstieg zur Festung allerdings nicht schwer ist, ist auch der Spazierweg eine gute Wahl.

Über die Stadtberge

Salzburg rühmt sich dreier Stadtberge, dem Gais-, dem Kapuziner- und dem Mönchs- oder auch Festungsberg. Dieser liegt direkt im Herzen der Stadt und beherbergt die ***Festung Hohensalzburg***. Die Festung als Wahrzeichen Salzburgs ist über 700 Jahre alt. Es lohnt sich, für ein kleines Geld die alten Gemäuer zu besichtigen, die Museen zu bestaunen und schlichtweg einfach in der Vergangenheit zu schwelgen. Vom Aussichtsturm aus können Sie die umliegenden Berge sehen, allen voran den nahen und mächtigen Untersberg. Besonderer Geheimtipp: Zu Weihnachten gibt es einen Adventmarkt inklusive Krampuslauf auf der Festung, mit vergünstigtem Eintritt am Abend!

Aber auch als Spazierweg ist der *Mönchsberg* zu empfehlen. Besonders an sonnigen Tagen trifft sich das Salzburger Land auf dem Berg und grüßt sich herzlich, während man die Waldwege entlang schlendert. Zur Festung gelangt man so natürlich auch; Geht man ein wenig weiter über den Berg, so kann man hinunter auf die Südseite des Berges hin zum Schloss Leopoldskron, oder aber weiter bis zum Stadtteil Mülln spazieren. Unser Spaziergang wird uns wieder in die Innenstadt führen, über die Treppen zurück. Wenn Sie allerdings einen anderen Weg einschlagen wollen, lohnt es sich, eine komplette Runde über den Mönchsberg zu drehen und erst in Mülln wieder abzusteigen. Von dort aus gelangen Sie übrigens auch leicht ins Augustinerbräu für ein erfrischendes Bier. Gehen Sie diesen Weg, kommen Sie vorbei am Museum der Moderne, einem Kunstmuseum mit angeschlossenem Café, das sich an einem freien Tag ebenfalls zu besuchen empfiehlt.

Steigen Sie jetzt erst einmal in der Mitte des Berges wieder ab in die Innenstadt – und schon sind wir zurück am Kapitelplatz, von dem aus wir zum Domplatz und Dom Salzburgs gelangen!

Domplatz und alte Residenz

Da Salzburg eine Bischofsstadt war, ist der *Salzburger Dom* von besonderer Bedeutung für das Stadtbild. Jeden Sonntag finden öffentliche Messen statt, die es wert sind, besucht zu werden – Halten Sie sich aber bitte mit Fotos zurück, denn auch die Salzburger genießen diese Messen und gehen regulär in die Kirche. Zu jeder anderen Tageszeit kann der Dom natürlich besichtigt, die Fassaden bewundert und sogar die Katakomben bestaunt werden. Auch ist der Domplatz Mittelpunkt des alljährlichen Krampuslaufes, einer österreichischen Tradition um den Nikolaustag herum; Hier findet das Ende des Spektakels mit einer großen Show statt, das Sie auf keinen Fall verpassen sollten, wenn Sie in den Weihnachtstagen nach Salzburg reisen. Ein wenig mehr zu dieser Tradition können Sie im letzten Kapitel – den Veranstaltungen des Jahres – lesen.

Wenn Sie am *Domplatz* angekommen sind: Genießen Sie die Stadt. Über die drei Plätze, den Kapitel-, Dom- und Residenzplatz, lässt es sich genussvoll umherschlendern, die Straßenkünstler bei ihrer Arbeit bewundern und die Fiaker beobachten, die Touristen von hier aus teils sogar bis Hellbrunn bringen. Wer das nötige Kleingeld besitzt und gerne gemütlich und erhaben zu dem Schlossgarten gelangen möchte, sollte sich die Fahrt mit der Kutsche auf jeden Fall gönnen.

Die *alte Residenz* neben dem **Residenzbrunnen** ist mittlerweile ein Museum und ebenfalls einen Besuch wert. Einmal im Jahr öffnet die Residenz außerdem ihre Tore für den Universitätsball der Stadt Salzburg, Prunkräume inklusive. Der Universitätsball ist ein Spektakel, das Sie in die kaiserliche Zeit Österreichs zurückversetzt – Musikanten spielen, der Dresscode ist vornehm und das Ambiente königlich. Aber auch ohne Eintritt zu zahlen können Sie in das Gebäude: An ein, zwei Stellen dieses eindrucksvollen Gemäuers finden nämlich auch Seminare der Universität statt, und gleichwohl diese Räume nichts im Vergleich zu den Prunkräumen sind, lohnt es sich, einmal hineinzuschnuppern.

Die Getreidegasse und Einkaufsstraßen

Von der alten Residenz aus gelangen Sie schließlich zum *alten Markt*, einem weiteren geschichtsträchtigen Platz Salzburgs. Pssst: Am Alten Markt finden Sie zu Weihnachten den günstigsten Glühwein, denn hier sind die Charity-Stände aufgebaut, die zu bezahlbarem und leckeren Glühweinkonsum locken.

Auch ist hier das Café Tomaselli, eines der berühmtesten Cafés Salzburgs. Natürlich können Sie hier eine kleine Pause einlegen.

Wenn wir weitergehen, gelangen wir in die Einkaufsstraße der Stadt, die *Getreidegasse*, die mit historischen Kaufmannsschildern und großem Angebot lockt. Wieder fühlt man sich in der Zeit zurückversetzt – Auch die modernen Geschäfte haben sich an das Stadtbild angepasst und ihre Aushängeschilder im Vintage-Stil designt. Wer schon einmal die Getreidegasse hoch und runter gelaufen ist, der weiß: Dies hier ist nicht nur etwas für das kleine Geld. Aber lassen Sie sich dadurch nicht abschrecken; Wer Geld in Salzburg ausgeben will, der kann dies gewiss, aber es gibt auch andere Wege.

In der Getreidegasse findet sich außerdem das *Mozartgeburtshaus*, ein viel fotografiertes Gebäude. Unter uns, es sieht von außen nicht anders aus als der Rest der Gebäude – mit Ausnahme der Tatsache, dass es einen Spar beherbergt, der statt des üblichen Farbschemas grün-weiß-rot in Gold glänzt. Das Museum innen ist allerdings den Besuch wert, vor allem für die, die Freunde des weltbekannten Musikers sind. Lassen Sie sich also nicht von den

Touristengruppen abhalten, die davorstehen und Fotos schießen – Werfen Sie einen Blick hinein und lassen Sie sich in Mozarts Welt entführen!

Universitätsplatz, Kollegienkirche und Festspielhäuser

Von der Getreidegasse aus führen viele kleine versteckte Gassen zum *Universitätsplatz*. Machen Sie ruhig ein kleines Spiel daraus, zu versuchen, die kleinsten und verstecktesten Gassen zu finden, die sie dorthin führen – in manchen sind sogar Geschäfte und Cafés verborgen! Am Universitätsplatz findet donnerstags der Grünmarkt statt. Hier finden sich Groß und Klein, Alt und Jung, um ihre Einkäufe zu erledigen.

Hervor sticht die *Kollegienkirche*, die an das Universitätsgebäude der theologischen Fakultät angrenzt. Diese geschichtsträchtige Universitätskirche wurde bereits im 17. Jahrhundert beschlossen und begonnen, der Hochaltar wurde im 18. Jahrhundert hinzugefügt. Eine Besichtigung lohnt sich, nicht nur für Kirchenfreunde! Wer mag, kann auch durch den Garten der Fakultät spazieren und sich im sonnigen Gras ausruhen. Einmal um die Kirche herum kann man sich an den Festspielgebäuden, dem *großen* und dem *kleinen Festspielhaus* erfreuen. Wer die Gelegenheit dazu hat, sollte sich zur Festspielzeit auch unbedingt eine Führung durch die *Felsenreitschule* gönnen. Diese war einst, wie der Name besagt, eine Reitschule, aber wird, meist nur zur Festspielzeit, auch als Bühne genutzt. Sie zeigt die wundervollsten Inszenierungen überhaupt. Die Bühne ist, ganz ähnlich wie die historische Steinbühne in Hellbrunn, in die Felsen des Mönchsbergs integriert und besticht mit allerlei Variationen des Bühnenbildes. Kleine Anekdote: Tatsächlich einst eine Reitschule, stahl Napoleon die Pferde bei seiner Besetzung der Stadt. Entsprechend wurde das Gebäude dann umfunktioniert.

Wenn Sie von hier aus einen kleinen Schlenker zurück nach links machen, können Sie außerdem den *Bezirk St. Peter* entdecken. Für Freunde des Grünen und des Einklangs lohnt es sich auf dem alten Petersfriedhof zu spazieren, von dessen Katakomben aus man die Stadt sehen kann. Die Katakomben sind nämlich, anders als bei anderen Friedhöfen, in den Festungsberg hinein und somit erhöht gebaut.

Zur Salzach und Linzer Gasse

Schlendern Sie wieder vorwärts entlang der Straßen an der Pferdetränke vorbei, kommen Sie zum *Haus der Natur*, einem Naturkunde- und technischem Museum, das viel gelobt wird. Auch viele meiner Bekannten und ich hatten hier bereits große Freude und konnten interessante Dinge entdecken! Über dem Haus der Natur ist außerdem ein Café, in welchem Sie sich abermals zur Erfrischung niederlassen können. Schließlich führt Sie der Weg an die Salzach, an der Sie nun mehrere Möglichkeiten haben, diese zu überqueren. Lassen Sie uns den Makart Steg nehmen, oder wie wir sie in Salzburg auch nennen: Die Schlösslbrücke.

Auf einen Blick:
- Stift Nonnberg
- Kapitelplatz, Kapitelschwemme
- Sphaera
- Salzburger Dom, Domplatz
- Alte Residenz, Residenzbrunnen
- Alter Markt
- Getreidegasse, Mozartgeburtshaus
- Haus der Natur

ÜBER DIE LINZER GASSE ZUM KAPUZINERBERG

Salzburg wird durch einen wunderschönen Fluss, die Salzach, geteilt. Insgesamt gibt es dreizehn Brücken, die die beiden Stadthälften miteinander verbinden – davon sind sieben ausschließliche Fußgängerbrücken, die sogenannten „Stege". In der Innenstadt sind die Haupt-Fußgängerbrücken der Mozart-, der Makart- und der Müllner-Steg. Über den Mozart-Steg spazieren wir nachher zurück, über den *Makart-Steg* nun hinüber zur Linzer Gasse.

Vom Makart Steg zur Linzer Gasse

Der Makart Steg ist sehr beliebt für „Postkartenmotive" der Stadt Salzburg; Verständlich, hat man von hier aus nicht nur die Festung, sondern auch die Salzach und Teile des Kapuziner- und Gaisbergs im Blick. Seit einigen Jahren verzieren außerdem Liebesschlössl den Steg, und eigentlich ist immer mindestens ein Musikant dort, der die Luft mit Musik und guter Laune erfüllt. Wandert man über den Steg, so gelangt man auf die andere Seite der Salzach, wo sich einige der besten Kaffeehäuser aneinanderreihen. Was Salzburgs Kaffee-Kultur angeht, so kommen wir darauf noch einmal später zurück – Lassen

Sie uns nun ein bisschen weiter gehen, hinauf zur Linzer Gasse!

Die *Linzer Gasse* ist eine weitere große Einkaufsstraße in Salzburg, die zwar moderner ist, jedoch den guten Salzburger Charme behält. Hier findet alljährlich ebenfalls ein Straßenfest statt, das stets mit guter Laune, Heiterkeit und viel Bier ausgestattet ist. Von der Linzer Gasse aus kommt man auch am besten hinauf zum ***Kapuzinerberg,*** den zweiten großen Stadtberg.

Aufstieg zum Kapuzinerberg

Der Kapuzinerberg ist nach dem Kloster benannt, das ihn schmückt, und er verfügt wie der Mönchsberg über mehrere Spazierwege. Der Aufstieg ist nur um ein kleines bisschen beschwerlicher als der des Mönchsberges, aber die Wege weniger frequentiert. Von hier aus lassen sich weitere, wunderschöne Motive der Stadt einfangen; Auf den Bänken kann man sinnieren und das Wetter genießen. Besonders im Sommer unbedingt empfehlenswert!

Wer einen Spaziergang auf den Kapuzinerberg wagt, der ist schon nach kurzer Zeit sicherlich nicht enttäuscht. An der *Kanzel,* dem beliebtesten Aussichtspunkt, kann man Salzburg von seiner schönsten Seite aus sehen. Läuft man bis zum *Franziskischlössl*, so wird man mit noch schöneren und wilderen Motiven belohnt. Nehmen Sie sich Zeit dafür – es lohnt sich!

Bis zum Schloss Mirabell

Steigt man dort ab, wo man aufgestiegen ist, gelangt man wieder zur Linzer Gasse, in der shoppen und bummeln gute Laune macht. Wenn Sie diese Straße weiter hinauflaufen, so kommen Sie zum *Rockhouse*, einem Veranstaltungsort für Konzerte und Feiern, das immer mal wieder echte „Schmankerl" zu bieten hat.

Möchte man hingegen lieber parallel zur Salzach laufen, so wird man ebenfalls belohnt. Vorbei am Landestheater gelangt man schließlich zum *Schloss Mirabell*, einer Prachtgestalt, die besonders für ihren Garten berühmt ist. Das Schloss wurde so gebaut, dass man vom Garten aus die Festung perfekt im Blick hat. Allein deswegen schon – und aufgrund der Bekanntheit durch, Sie erraten es: The Sound of Music – ist der Schlossgarten ein Anziehungspunkt für Touristen. Aber der ***Mirabellgarten*** hat viel mehr zu bieten als das. Vor dem Schloss findet, ebenso wie am Universitätsplatz, ein Markt statt. Die

Stadtgärtner pflegen die Gärten außerdem so, dass im Frühjahr alle paar Wochen eine andere Blumensorte blüht, und so steht der Garten immer mal wieder in einer ganz neuen Pracht. Auch hier gibt es Unbekanntes zu entdecken: Laufen Sie ein paar Treppchen hoch, um ein paar Ecken herum, so entdecken Sie den *Zwergelgarten*, in welchem höchst wunderliche Gnomstatuen aufgestellt sind. Lassen Sie sich überraschen von den kleinen Details dieses Prachtgartens.

Neben dem Mirabellgarten befindet sich außerdem das *Mozarteum*, die Musikuniversität der Stadt Salzburg. Wenn Sie Musik lieben, so schauen Sie sich das wechselnde Programm der Universität an – die jungen Künstler geben immer mal wieder Einblicke in ihren Alltag. Gegenüber vom Mirabellgarten finden Sie verschiedene Kulturveranstaltungsräume, Kirchen und Gemäuer. Wenn Sie auf der Suche nach einem guten Kaffee sind, gehen Sie zwei Straßen weiter und finden überraschend gute Frühstückslokale, aber auch Theater- und Tanzveranstaltungsräume. Da wären zum Beispiel das Toihaus-Theater, das wir später noch einmal näher beschreiben werden, und das Café Fingerlos, ein lokales

Frühstückscafé. Wenn Sie von hier aus etwas weiterlaufen, gelangen Sie schließlich zum Bahnhof – aber drehen wir erst einmal um und laufen an der malerischen Salzach zurück bis hin zum Mozartsteg!

Zurück zum Mozartsteg

Wenn Sie Romantik fühlen wollen, dann sind Sie hier richtig. Der *Mozartsteg* wurde 1903 eröffnet. Anfänglich gab es für die Überquerung des ansehnlichen Brückchens noch eine Brückenmaut zu zahlen. Am kleinen ehemaligen Zollhäuschen auf der anderen Seite der Salzach kriegen Sie heutzutage, zusätzlich zu dem Ausblick von der malerischen Brücke, gegen eine kleine „Maut" einen guten Kaffee. Machen Sie eine kleine Pause, sonnen Sie sich an den Grashängen der Salzach und atmen Sie ein wenig durch, ehe wir unseren Spaziergang fortsetzen. Für einen Tag war das erstmal genug, oder etwa nicht? Haben Sie noch Energie? Ansonsten nehmen Sie sich doch einen weiteren Tag Zeit, denn die nächste Haltestelle hat auch ganz schön viel zu bieten!

Auf einen Blick:

- Markartsteg
- Linzer Gasse
- Kapuzinerberg
- Kanzel
- Fanziskischlössl
- Rockhouse
- Schloss Mirabell, Mirabellgarten, Zwerglgarten
- Mozarteum
- Mozartsteg

SPAZIERGANG AN DER HELLBRUNNER ALLEE

Die **Hellbrunner Allee** wurde errichtet, um das *Lustschloss Hellbrunn* mit der Innenstadt Salzburgs zu verbinden. Heute dient die Allee vor allem vergnüglichen Sonntagsspaziergängen Einheimischer, Touristen und allerlei Bewohner und Besucher Salzburgs. Auch Fiaker und gelegentlich sogar Reiter nutzen diese Straße. Nehmen Sie sich einen Tag Zeit, um auf einem ausgiebigen Spaziergang zum Schloss Hellbrunn zu gelangen.

Schloss und Schlossgelände Hellbrunn

Dort gibt es wahrlich genug zu sehen. Der *Hellbrunner Park* ist nicht nur der perfekte Platz für ein gemütliches Picknick, sondern auch ein guter Ort für sportliche Aktivitäten. Weiterhin bietet er für Interessierte die Möglichkeit, sich historische Plätze wie das **Steintheater** anzusehen, eines der ältesten Theater Österreichs. Dieses liegt nahezu einsam auf dem *Hellbrunner Berg*.

Neben dem Schloss sind auch die **Wasserspiele** eine Besichtigung wert. Allerdings nur in den Sommertagen – Sie wollen ja nicht erfrieren! Hier finden sich Groß und Klein zusammen und lassen sich bezaubern von der einzigartigen Mechanik der Wasserspiele.

Aber auch neben den Wasserspielen und der Grünanlage kann man hier Spaß haben. In der *Zooanlage Hellbrunn* begrüßen Sie viele verschiedene Tiere. Aufgepasst bei den Lemuren – Sie turnen gerne frei über das Zoogelände und können auch recht zutraulich sein. Die Geier des Zoos Hellbrunn sind inzwischen berühmt, weil sie frei über den Zoohimmel fliegen und hier ihr neues Zuhause gefunden haben. Und noch ein Tipp zu Weihnachten: Neben dem schönen Adventmarkt beim Schlossgelände ist der Zoobesuch wochentags hier gratis!

Abstecher nach Leopoldskron

Wenn Sie die Hellbrunner Allee zurücklaufen, können Sie einen kleinen Umweg machen und auf der gegenübergelegenen Seite der historischen Altstadt den schönen Stadtteil Leopoldskron entdecken. Entlang des *Leopoldskroner Weihers* lässt es sich sowohl im Sommer als auch im Winter spazieren und eine kleine Pause einlegen. Das *Leopoldskroner Schloss*, das direkt am Weiher gelegen ist, ist mittlerweile ein Hotel – einmal im Jahr ist es allerdings für die große Silvestergala geöffnet. Natürlich dinieren hier nur diejenigen, die es sich leisten können; Einen viel schöneren Ausblick hat man hingegen vom Mönchsberg, wo sich der Rest Salzburgs zum Silvesterspektakel versammelt!

Geschichten vom Untersberg

Etwas weiter entfernt, in der Marktgemeinde Grödig, thront der majestätische **Untersberg**. Wenn Sie die Hellbrunner Allee entlang spazieren, kann es sein, dass Sie in den Bergschatten geraten und die Sonne plötzlich verschwindet – Und wenn Sie die Richtung wechseln, sie auf einmal wieder auftaucht!

Mit fast 2000 Metern ist der Berg ein Gigant im

Vergleich zu den Stadtbergen Salzburgs, ein bescheidener Hügel angesichts des weiter entfernten, aber an sonnigen Tagen doch sichtbaren, Watzmanns.

Wackere Gemüter können den Berg im Sommer besteigen. Lunch sollte man sich aber unbedingt einpacken, und festes Schuhwerk ist auch ein Muss – Der Aufstieg kann nämlich eine ganze Zeit dauern! Im Gegensatz dazu ist die Untersbergbahn der wohl entspannteste Weg, an den Gipfel zu kommen. Die Seilbahn besteht schon seit vielen Jahren und hat schon tausende Menschen sicher hinauf- und herab befördert.

Um den Untersberg ranken sich viele Legenden. Da wäre zum Beispiel die, die besagt, dass Karl der Große im Herzen des Berges schlafe.

Tatsächlich beherbergt der Gigant ein ausgeklügeltes Tunnelsystem in seinem Inneren, das von Höhlenforschern noch nicht ganz erkundet werden konnte. Die Wasser- und Steinmassen bewegen den Fels und verschließen und öffnen immer wieder neue Wege.

Für einen Ausflug auf den Untersberg sollten Sie sich ebenfalls Zeit nehmen.

Für wen die sportliche Aktivität eher nichts ist: er ist das ganze Jahr von Salzburg aus sichtbar und auch von Weitem her schön zu betrachten!

Auf einen Blick:
- Hellbrunner Allee
- Schloss Hellbrunn
- Hellbrunner Park
- Steintheater
- Hellbrunner Berg
- Wasserspiele
- Zoo Hellbrunn
- Schloss Leopoldskron
- Leopoldskroner Weiher
- Untersberg, Untersbergbahn

AUF DEN GAISBERG UND ENTLANG DER SALZACH

Stadtberg Gaisberg

Der Dritte Stadtberg ist der *Gaisberg*. Er ist sehr leicht erkennbar durch die Fernsehantenne auf seinem Gipfel. An nebligen Tagen ist er auch gerne mal verschwunden und taucht erst Tage darauf wieder aus den dichten Wolken hervor. Dieser Berg ist auf jeden Fall eine Wanderung wert.

Mehrere Wanderwege führen aus den Salzburger Stadtteilen Aigen und Parsch auf den Berg. Es gibt leichte, für Ungeübte, aber auch schwerere, steinigere Wege. Am Ende werden Sie auf jeden Fall mit einer fantastischen Aussicht über das Salzburger Land belohnt! Zwischendurch können Sie sich auf der Stadtalm ein Getränk gönnen. Besonderer Geheimtipp: Aufstieg zum Sonnenaufgang oder -untergang.

Für Wanderunfreudige bietet der Berg auch eine Buslinie an, die herauf und wieder hinunterfährt. Wer ein Auto hat, kann natürlich auch selbst die gewundenen Straßen entlang hochfahren. Für den Gaisberg sollte man zu Fuß schon einen ganzen Tag einplanen, da man ja auch die Aussicht genießen möchte. Er lässt sich allerdings auch an einem Vormittag oder Nachmittag besteigen. Spezielle Wege führen bis an die Spitze, aber es gibt auch magischere, verstecke Spazierwege, wie die *trockene Klamm*.

Die Salzburger gehen so oft auf ihren Stadtbergen spazieren, dass die meisten Wanderer, die man trifft, nicht einmal besonders erschöpft aussehen – Glauben Sie mir, selbst die Ältesten der Bevölkerung sind noch fit wie ein Turnschuh, was ihre Wanderwege angeht!

Ganz Sportliche können auch mit dem Fahrrad hochfahren. Dazu braucht man allerdings ein gutes Mountainbike. Aber auch mit einem normalen, fahrtüchtigem Radl können Sie Salzburg gut erleben!

Die Salzach – Von Nord bis Süd mit dem Rad
Mittlerweile sind wir ein bisschen vertraut mit der Geografie Salzburgs. Abseits der Innenstadt gibt es viele weitere Orte, die es lohnt zu besuchen. Im Sommer ist es lohnenswert, sich ein Rad zu leihen. Salzburg bietet viele verschiedene Radverleihe an. Wer sportlich ist und zum Beispiel den Gaisberg hoch radeln möchte, der kann sich ein Sport- oder Mountainbike ausleihen und damit so weit düsen, wie er

möchte. Für etwas entspanntere Radtouren empfiehlt sich der praktische Citybike-Service, der schon ab 1 € in Anspruch zu nehmen ist. An Salzburgs belebtester Bushaltestelle „Ferdinand-Hanusch-Platz" kann man mithilfe der Kreditkarte bequem Fahrräder ausleihen und dorthin wieder zurückbringen. Es wird automatisch abgebucht – keine komplizierte Methode!

Mit dem Fahrrad lässt sich leicht an der Salzach entlangradeln. Es ist möglich, mit dem Rad Salzburg von Nord bis Süd abzufahren, ohne ein einziges Mal eine Straße überqueren zu müssen. Anhand dieses praktischen Radweges können Sie entspannt bis *Hallein* fahren, einer Ortschaft, in welcher die *Barmsteine* zum Bergsteigen, aber auch das kleinstädtische Ambiente lockt. In die andere Richtung hingegen kann man bis zur deutschen Grenze fahren.

Wenn wir uns Richtung Hallein bewegen, möchte ich Ihnen diesen kleinen Tipp nicht vorenthalten: Den *Anifer Alterbach* und das **Waldbad Anif**. Besonders im Sommer kann man einen verzauberten Spaziergang durch die Forstbestände Anifs tätigen oder aber direkt mit dem Rad zum Waldbad Anif fahren; Idyllisch im Wald gelegen lockt das natürliche Freibad mit Sommerveranstaltungen, Urlaubsflair und entspannter Atmosphäre. Ein Muss für Badeliebhaber!

Wer Salzburg entdecken will, der hat jetzt schon einiges gesehen. Für einen Tages- oder Wochenendtrip reicht das natürlich, aber falls Sie doch etwas mehr Zeit mitbringen, verzagen Sie nicht! Um Salzburg herum gibt es noch viele malerische Orte, die entdeckt werden wollen.

Auf einen Blick:

- Gaisberg
- Trockene Klamm
- Hallein
- Barmsteine
- Anifer Alterbach
- Waldbad Anif

Das Salzburger Land

WANDERN IN UND UM SALZBURG

Wer die Natur liebt, die schönen Aussichten von ganz weit oben genießt und zudem auch noch ein wenig schwindelfrei ist, für den ist Salzburg und seine Umgebung ideal. Die Stadtberge bieten alles, was man für eine kleine Wanderung braucht. Diese können auch ohne festes Schuhwerk und binnen eines Nachmittages erklommen und bewandert werden. Wer etwas mehr Herausforderung sucht, der sollte die nahe gelegenen Wanderstrecken nicht auslassen.

Wanderwege auf dem Untersberg

Über den Untersberg haben wir vorher ja schon einmal kurz geredet. Das majestätische Massiv ist an seiner besonderen Form leicht erkennbar und von den meisten Stellen in Salzburg aus sichtbar. Um zum Untersberg zu gelangen, kann man leicht mit dem Auto oder Bus in Richtung Grödig fahren. Neuerdings fährt sogar der O-Bus, der Salzburger Stadtbus, bis dorthin.

Von dort aus gibt es mehrere Aufstiege auf den Untersberg, die bekanntesten sind der durch einen Wald führende Reit- und der an der Felswand liegende Dopplersteig. Ein Aufstieg dauert circa drei Stunden, ist aber auch eine sportliche Leistung. Aber auch für nicht so wanderfreudige Interessierte gibt es eine Möglichkeit, den Riesen zu bezwingen. Nehmen Sie einfach die Untersbergbahn, die sie verlässlich auf den Untersberggipfel und zurück bringt. Natürlich gibt es oben auch etwas zu speisen und zu trinken. Vom Gipfelkreuz aus können Sie nun die gesamte Stadt sehen, auf den Gaisberg hinaufblicken und von oben die Gegend erkunden. Der in der Nähe gelegene Flughafen bietet außerdem eine weitere interessante Sicht! Für den Untersberg sollten Sie unbedingt festes Schuhwerk mitbringen – Nicht wandererfahrene Besucher sollten lieber die Seilbahn nehmen.

Berge in der Umgebung

Im angrenzenden Hallein gibt es die etwas kleineren, aber genauso schönen Barmsteine. Die sogenannten *großen* und *kleinen Barmstein*e sind Berge, deren Gipfel sich besonders für Kletterer eignen. Man kann allerdings auch als Spaziergänger hier seine Freude daran finden, in Ruhe aufzusteigen und an der Ruine Thürndl entlang einen Waldspaziergang zu starten. Die Aussicht und der Weg sind es auf jeden Fall wert!

Um Salzburg herum liegen natürlich noch mehr interessante und wundervolle Berge, die Bergsteiger und Wanderer von überall her locken. Da wäre zum Beispiel der *Schober,* in Fuschl am See, der einen besonders schönen Ausblick liefert. Auch Berge in den Berchtesgadener Alpen, an der deutsch-österreichischen Grenze können erklommen und entdeckt werden. Auch deshalb ist Salzburg ein Reiseort, der immer wieder etwas Neues bietet – es gibt immer wieder etwas zu sehen, das man auch als Wiederkehrer nicht entdeckt hat!

FLÜSSE, SEEN, BURGEN UND BERGE

Weitere Perlen entlang der Salzach

Der prominenteste Fluss in Salzburg ist natürlich die die ganze Stadt durchquerende Salzach. Sie formt das Stadtbild und ist somit auch für die Salzburger Einwohner von besonderer Bedeutung. Im Sommer können Besucher und Bewohner an ihrem Ufer dabei beobachtet werden, wie sie sich sonnen. Genießen auch Sie das grüne Ufer des Stadtflusses und nehmen Sie sich etwas Zeit mit einem Buch, um das gute Wetter auszukosten!

Den Rest des Jahres über ist die Salzach natürlich auch von Bedeutung und belebt. Das ganze Jahr über haben Angler ihre Freude daran, in den flachen Teilen des Flusses zu stehen und Fische zu fangen. Aber auch eine Fahrt auf der Salzach wird von Tourismuszentren angeboten. Wenn Sie also daran interessiert sind, Salzburg vom Fluss aus zu genießen, sollten Sie das tun. Wer will, kann sogar in einem Boot auf der Salzach Walzer tanzen – und dazu müssen Sie nicht einmal die Schritte kennen! Denn nicht Sie, sondern das Boot tanzt zu Mozartklängen auf dem Fluss. Die Stadt ist allerdings auch bequem zu

Fuß oder mit dem Fahrrad abzulaufen, deswegen ist diese Tour speziell für die Bootfreudigeren ein Genuss.

Saalach und Almkanal

Der zweite bedeutsame Fluss ist die *Saalach*, der Grenzfluss zwischen Freilassing und Salzburg. Als Fußgänger können Sie die Grenze direkt dort überqueren. Und wenn Sie als Fahrradfahrer einen Ausflug nach Freilassing machen möchten, so fahren Sie zunächst ein kleines Stückchen die Salzach gen Norden, und dann an der Saalach die Grenze entlang bis zum Übergang. Das Flüsschen ist vielleicht ein bisschen weniger mächtig als die Salzach, aber bietet ähnlich schöne Radwege.

Ein weiteres wichtiges Gewässer in Salzburg ist der *Almkanal*. Er erstreckt sich von der Königsseeache zwölf Kilometer lang bis in die Salzach und diente früher zur Wasserversorgung der Stadt. Heutzutage ist er ein beliebter Erholungsort, an welchem sich Salzburgs Bewohner gerne treffen, sonnenbaden und schwimmen. Als ich das erste Mal in den Almkanal sprang, war ich überrascht, wie kalt das Wasser selbst im Sommer noch war. Hat man sich erst einmal daran gewöhnt, ist es allerdings eine

Freude, sich ein wenig weiter treiben zu lassen und gegebenenfalls auch die eigenen Schwimmkünste auszuprobieren. Keine Angst, Sie können jederzeit wieder ans Ufer – wenn Ihre Freunde Sie lassen.

Majestätische Seen

Etwas weiter von Salzburg entfernt, dort, wo auch der Schober thront, ist die Kleinstadt *Fuschl am See*. Obwohl idyllisch, ist sie tatsächlich der Hauptsitz der Firma Red Bull und somit auch industriell von Bedeutung. Für Besucher bietet vor allem der **Fuschlsee** Erholung. Sie können sowohl in diversen Freibädern als auch kostenlos direkt am See schwimmen gehen und den malerischen Ausblick auf die Berge und Häuser genießen. Für einen Sommertag am See auf jeden Fall geeignet!

Richtung Berchtesgaden hingegen liegt der *Königssee*, ein ebenfalls traumhafter Ort, der auch im Winter malerische Bildmotive bildet und eigentlich immer ein gutes Ziel für einen Seeausflug ist. Auf der österreichischen Seite, in Oberösterreich, liegt die Gemeinde *Mondsee*, deren gleichnamiger See ebenfalls an Berühmtheit erlangt hat. Auch dieser Ort ist einen Besuch wert. Am Mondsee wurden darüber hinaus weitere Szenen von „The Sound of Music" gedreht. Wer auf den Geschmack gekommen ist, kann diesen sogar mittels einer eigens für den Film kreierten Tour besuchen, die über ein Busunternehmen buchbar ist.

Wenn Sie weiter ins Salzburger Land hinausfahren möchten, empfiehlt sich die *Burg und Festung Hohenwerfen* in der Stadt Werfen. Mit der S-Bahn gelangen Sie dort ohne Probleme hin und können zugleich die Kleinstadt besuchen. Auf der mittelalterlichen Burg gibt es eine alte Falknerei, deren wunderschöne Tiere Sie wöchentlich bewundern können. Suchen Sie sich einen Tag mit gutem Wetter aus, um hierher zu kommen!

FÜR DEN REGNERISCHEN TAG

Wo wir gerade dabei sind, wussten Sie, dass Salzburg einen besonderen Regen hat? Da die Stadt im Tal gelegen ist, kommt es häufig vor, dass das Wetter entweder sehr strahlend oder sehr zugezogen ist. Ja, auch im Sommer kann es natürlich vorkommen, dass es sich zuzieht und sie auf einmal wortwörtlich im Regen stehen. Dieser ist meist nur ein kleiner, aber lang andauernder Nieselregen. Das ist allerdings kein Grund, im Hotel zu bleiben! Sowohl in der

Innenstadt als auch in der Umgebung gibt es wundervolle Möglichkeiten, auch bei dunklem Wetter tolle Dinge zu erkunden.

Im Hallein beispielsweise können Sie die Tunnel und Kammern der alten Salzwerke entdecken. Die *Salzwelten* bieten Führungen durch das alte Salzwerk an – es ist zudem das älteste Schaubergwerk der Welt. In diesem sind Sie im wahrsten Sinne des Wortes untertunnelt und kein Regentropfen gelangt zu ihnen. Die Salzwerke sind außerdem auch für Kinder geeignet – Eine interessante Reise in die Welt des Salzes lockt allerdings auch die Erwachsenen.

Im Sommer ist zudem die ***Eisriesenwelt*** in Werfen geöffnet. Die gigantische Eishöhle ist selbst im Sommer kühl und bietet vom 1. Mai bis zum 27. Oktober Führungen für Groß und Klein durch die Gletscherwelten. Das Höhlenlabyrinth hat eine Gesamtlänge von fast 40 km, und wird Sie in Staunen versetzen!

Auf einen Blick:

Berge

- Untersberg
- Barmsteine
- Schober

Flüsse

- Salzach
- Saalach
- Almkanal

Seen

- Fuschlsee
- Königssee
- Mondsee

Ausflugsziele

- Festung Hohenwerfen
- Salzwerke Hallein
- Eisriesenwelt Werfen

Für kleines und großes Geld

SALZBURG KULINARISCH

Jetzt sind wir schon ganz schön lange am Spazieren und haben immer noch nichts gegessen. Dabei hat Salzburg auch kulinarisch so viel zu bieten!

Kleiner Durstlöscher

Ist Ihnen aufgefallen, dass Sie schon mehrmals an kleinen Brunnen vorbeigekommen sind, auf denen ein Wasserhahn abgebildet ist? Die Stadt ist voll von diesen Trinkbrunnen, die dem erschöpften Entdecker eine kostenlose, kühle Erfrischung bieten! Sei es auf dem Kapuzinerberg, in der Innenstadt oder an einem anderen Ort, fast überall werden Sie einen Trinkbrunnen entdecken, der Ihnen beim Durstlöschen behilflich ist. Nehmen Sie sich also eine Trinkflasche mit – Das Wasser der Stadt wird durch die Berge gefiltert und ist köstlich!

Österreichisch Speisen
Natürlich brauchen Sie zusätzlich zu den Augenschmankerln auch mal richtige Schmankerl. Dazu lädt Salzburg mit einer Vielfalt an österreichischen und internationalen Restaurants ein, die Sie sowohl in der Innenstadt als auch in den weiter außerhalb gelegenen Stadtvierteln vorfinden.

In einem klassischen Wirtshaus finden Sie das perfekte Schnitzel und die beste Maß Bier. Für Bier ist das Augustinerbräu besonders beliebt. Im Sommer im Biergarten zu sitzen ist der liebste Zeitvertreib aller Salzburger, ob groß oder klein, ob eingeboren oder fern angereist. Genießen Sie die warmen Sonnenstrahlen und die schattige Kühle des Bräus, das nicht weit entfernt der Innenstadt im Stadtteil Mülln hergestellt wird. Hier können Sie auch groß essen, aber noch besser kleine Snacks wie das Würschtl zum Mittag oder eine Breze für unterwegs. Bringen Sie ihre eigene Jause mit in den Biergarten und genießen Sie eine frische Maß. Prost!

Um größer österreichisch speisen zu gehen, empfiehlt sich das traditionsreiche Sternbräu Restaurant in der Salzburger Altstadt. Auch ohne Reservierung finden Sie hier mit großer Wahrscheinlichkeit einen Platz zum Essen, denn das Wirtshaus ist sehr geräumig. Vom Schnitzel bis zu den Kasnocken gibt es hier alles, was das österreichische Herz begehrt, für einen erschwinglichen Preis. Nach einem Tag voller Sehenswürdigkeiten ist es lohnenswert, hier vorbeizuschauen.

Wenn Sie etwas kleiner und gemütlicher Speisen wollen empfiehlt sich das Restaurant Zirkelwirt, nur wenige Gehminuten vom Mozartplatz entfernt. Der Zirkelwirt besticht mit seinem urigen Ambiente und dem vollmundigen Essen, dessen Geschmack Sie sich auf der Zunge zergehen lassen können.

Wos Siaß

Auch für Desserts ist gesorgt: In der Salzburger Innenstadt gibt es genug Süßigkeiten und Naschereien für den Schokoladenliebhaber. Möchten Sie etwas Kleines? In Salzburg finden Sie bei dem Hofkonditor Fürst die originale Mozartkugel. Bestimmt haben Sie schon einmal von der Praline, die aus Nougat und

Marzipan besteht, gehört und sie vielleicht sogar gekostet. Lassen Sie sich sagen: Nichts übertrifft das Original. Die Kugeln werden von der Konditorei handgefertigt und im Geschäft verkauft. Erkennbar ist das Original an seiner silber-blauen Verpackung und natürlich dem Titel der Original Mozartkugel. Lassen Sie sich diese Köstlichkeit auf der Zunge zergehen und bringen Sie auch ihren Lieben so ein leckeres Andenken mit.

Für wen Schokolade nichts ist, der kann sich auch in den zahlreichen Eiscafés und Geschäften der Stadt vergnügen. Gerade im Sommer ist die Nachfrage groß und es lockt die Gelegenheit, sich mit einer kleinen Kugel Eis an die Salzach zu setzen und sich zu sonnen. Einige Eisgeschäfte haben das ganze Jahr über auf, andere nur saisonal. Wer lieber auf die Kugel verzichtet, um in einem Café einen Kuchen zu essen, für den haben wir in unserem Extraabschnitt zu den Salzburger Cafés noch etwas.

Wer aber etwas ganz Spezielles haben möchte, der sollte unbedingt in das Café Mozart in der Getreidegasse einkehren und sich die Salzburger Nockerl bestellen. Dieses traditionelle Salzburger Dessert besteht aus Baiser, der die drei Stadtberge Gaisberg,

Mönchsberg und Kapuzinerberg darstellen soll. Falls ihr Magen nicht ganz so gut auf Zucker eingestellt ist, dann teilen Sie sich diese Köstlichkeit – seien Sie vorgewarnt, die Portion ist wirklich riesig!

Für Unterwegs
Zu guter Letzt steht es Ihnen natürlich auch frei, in den Supermärkten der Stadt zu shoppen. Billa und Spar haben unter der Woche bis 19:30 Uhr auf, am Wochenende bis 18 Uhr. Wer eine Wurschtsemmel haben will, kann diese auch dort preisgünstig kaufen und sich zum Ausklang des Tages auf die Treppen zum Mönchsberg setzen.

Frisch und günstig essen können Sie auch in der Kette *My Indigo*, die Sushi, Salat und frische, saisonal abgestimmte Currys zum gleich Essen und Mitnehmen anbietet. Schüler und Studenten bekommen extra Rabatte!

EIN KÄFFCHEN FÜR DEN WEG

Kaffeekultur in Österreich und Salzburg

Kommen wir nun zu meinem persönlichen Highlight: Dem Kaffee. Wie Sie sehen, habe ich dem Kaffee einen ganzen Abschnitt gewidmet, und das nicht ohne Grund. Die Kaffeekultur Österreichs ist den meisten bekannt – und Salzburg macht dabei keine Ausnahme. Wie die Engländer ihren Tee zelebrieren, so tun es die Österreicher mit ihrem Kaffee: wer Kaffee trinkt, der soll ihn genießen, nicht nur schmecken. Deswegen ist die Kaffeehauskultur in Österreich auch so einzigartig und besonders.

Salzburg verfügt über viele traditionsreiche Kaffeehäuser, aber auch moderne Cafés und Kaffeeröstereien, die ganz besonders geschmackvollen Kaffee servieren. Generell gilt: Mit Kaffee können Sie hier nichts falsch machen. Deswegen mein besonderer Tipp: Verzichten Sie auf Starbucks und Co. und nehmen Sie sich Zeit für das Ambiente der wundervollen alten Gebäude und den Geruch von vollmundigem, frisch gebrühten Kaffee.

Salzburgs traditionsreichste Kaffeehäuser

Das Kaffeehaus *Tomaselli* ist das wohl berühmteste Kaffeehaus Salzburgs. Sehr zentral am Alten Markt gelegen, besticht es nicht nur durch seine Fassade, sondern auch die Inneneinrichtung. Im Sommer kann man sowohl auf dem Balkon als auch draußen auf der Außenterrasse sitzen und es sich bei Kaffee und einem Stück Kuchen gemütlich machen. Die Kuchenplatte ist meist am Tresen ersichtlich oder wird Ihnen auch zum Tisch gebracht. Zeitungen stehen in allen größeren Kaffeehäusern zur Verfügung – aber bringen Sie sich auch ruhig selbst ein Buch mit! Salzburg besitzt viele kleine, schöne Buchhandlungen wie z. B. die Rupertus-Buchhandlung in der Nähe der Linzer Gasse, in der man das ein oder andere unbekannte Werk entdecken kann.

Auch das *Café Bazar* besticht durch sein Design. Gleich neben dem Markartsteg an der Salzach ist das bezaubernde Kaffeehaus gelegen, in welchem man sich gleich Jahrzehnte zurückversetzt fühlt. Können Sie sich vorstellen, hier mit allerhand Musikern und Dichtern ein Pläuschchen zu führen? Auch für Alleinreisende ist dieses Café ein wundervoller Rückzugsort, um entspannt eine Zeitung zu lesen.

Viele Cafés in der Getreide- und Linzer Gasse

erfüllen diesen Wunsch. Aber es gibt auch modernere Cafés, die Coffee-to-go für den geschäftigen Reisenden anbieten. Wie zum Beispiel das kleine Café „*We love Coffee*" am Mozartsteg, über das wir schon gesprochen haben. Hier findet man auch leckere Naschereien. Unbedingt empfehlenswert: Die Brownies! Das *Afro-Café* neben dem Mönchsbergaufzug bietet hingegen eine Vielfalt an warmen Speisen und leckerem Kaffee an, daneben auch wundervolle Smoothies und guten Tee.

Wenn Sie die Kaffeehäuser besuchen, vergessen Sie nicht, es sich auch hier kulinarisch gut gehen zu lassen. Neben der klassischen Sachertorte, die Sie am besten in Salzburgs *Sacher-Café* verspeisen sollten, gibt es auch viele andere verschiedene Torten. Viele Cafés bieten eine Mozarttorte an, die entsprechend mit Marzipan und Pistazien verführt. Aber auch österreichische Schmankerl wie den Kaiserschmarrn sollten Sie sich nicht entgehen lassen!

Wer es etwas geschäftiger haben möchte, kann diverse Frühstückscafés rund um den Mirabellplatz besichtigen. Besonders empfehlenswert: Das *Café Fingerlos*, nur wenige Gehminuten vom Mirabellplatz entfernt, mit vielen leckeren

Frühstücksangeboten. Aber auch das *Café Würfelzucker* in der Innenstadt kann mit gutem Frühstück locken.

Das Käffchen für den Weg ist auf jeden Fall gesichert, denn wenn es eines gibt, das in Österreich nie zu kurz kommt, dann ist es der Genuss.

Auf einen Blick:

Kaffeehäuser
- Café Tomaselli
- Café Bazar
- Café Sacher

To-go und modern
- We Love Coffee
- Afro-Café

Frühstückscafés
- Café Fingerlos
- Café Würfelzucker

ANREISE, UNTERKUNFT UND ÖFFENTLICHER VERKEHR

Ankunft in Salzburg

Salzburg ist auf viele Wege zu erreichen. Am schnellsten geht es natürlich über den Luftweg. Salzburg hat einen Flughafen, von welchem aus Sie viele Möglichkeiten haben per Bus oder Taxi in die Innenstadt oder zu Ihrem Hotel zu gelangen. Wer lieber etwas für die Umwelt tun möchte, kann auch mit zahlreichen Zügen im Nah- und Fernverkehr ankommen. Achten Sie auf Sparangebote – Für Reisende aus Deutschland ist es gut zu wissen, dass Salzburg als Grenzstadt auch in Regionaltarife aus Bayern noch miteingeschlossen ist!

Unterkunft

Da Salzburg zwar mit ca. 150.000 Einwohnern eine Großstadt ist, allerdings doch recht überschaubar, müssen Sie sich von der Lage des Hotels her nicht allzu sehr sorgen. Die meisten herkömmlich buchbaren Hotels sind über Internetseiten zu finden. Viele Ketten, wie z. B. das Meininger-Hotel oder die CoolMama Hotels, sind hier ebenfalls zu finden. Für Reisende, die ein Budget haben und längere Zeit in Salzburg verbringen wollen, empfiehlt es sich gerade in den Sommermonaten auch die Seiten der Studenten-wohnheime nach Zimmern abzusuchen. Gerade in der Festspielzeit werden diese häufig von den Wohnheimen angeboten und können eine preis-günstige Alternative zum Hotel sein.

Festspielzeit, also Juli bis August, ist auch die Haupttourismussaison. Wer lieber nicht mit vielen Leuten auf einem Platz ist, der sollte schauen, dass er zu einer anderen Jahreszeit die Stadt besucht. Ideal ist April bis Juni, denn in dieser Zeit ist die Stadt meist schön warm, aber noch nicht übervoll.

Öffentlicher Verkehr

Wie Sie jetzt bereits wissen, sind Sie in Salzburg nicht auf den öffentlichen Verkehr angewiesen, wenn es darum geht, die berühmtesten Sehenswür-digkeiten zu bewundern. Allerdings sind die Ver-kehrsmittel gut ausgebaut.

Der öffentliche Verkehr in Salzburg wird vor al-lem durch die O-Busse beherrscht. O-Bus steht für Oberleitungsbusse, und der Name ist Programm. Die Busse fahren eine feste Strecke und sind an Oberlei-tungen befestigt, die es ihnen erlauben, mit Strom zu fahren. Das O-Bus-System wird ständig erweitert und ist mittlerweile sehr gut ausgebaut. Sie kommen mit O-Bussen vom Flughafen zur Innenstadt, von Salzburg Süd bis Salzburg Nord, Vom Untersberg zum Gaisberg Aufstieg.

Ein 24-Stunden-Ticket ist bereits für 4 Euro im Vorverkauf zu haben. Aufgepasst: Zahlen Sie erst im Bus, ist es teurer.

Im Vorverkauf können Sie sowohl Einzelfahrten als auch Tagestickets und sogar Wochen- und Monatskarten kaufen. Dieser findet sowohl an Automaten als auch in Trafiken statt, die Sie z. B. am Bahnhof finden.

Kleine Tipps und Tricks für den Verkehr

Ein weiterer Spartipp für den kurzen Besuch ist die Salzburg Card, ein Angebot der Stadt Salzburg für Touristen. Mit dieser können Sie entweder 24, 48 oder 72 Stunden lang das gesamte öffentliche O-Bus-Netz nutzen und erhalten zusätzlich Gratiseintritt in alle Museen und weitere attraktive Vergünstigungen. Die Karte ist bereits ab 26 Euro für Erwachsene zu kaufen, und somit ein echtes Schnäppchen!

Für Besucher, die mit dem Auto unterwegs sind, gibt es etliche Parkmöglichkeiten, wie z. B. die Altstadtgarage. Zusätzlich dazu bieten einige Geschäfte an, ihr Parkticket abzustempeln. Dieser Service wird von rund 300 Unternehmen angeboten und ermöglicht Ihnen einen besonders günstigen Parktarif: 4 Stunden für 4 und 8 Stunden für nur 6 Euro.

Das Herz der Stadt

VERANSTALTUNGEN DAS GANZE JAHR

Kommen wir nun zu den kulturellen Highlights der Stadt. Sie haben mittlerweile mitbekommen, dass Salzburg mehr zu bieten hat als nur Geschichte und Landschaft. Besonders bekannt ist die Stadt für ihre kulturellen Vergnügungen, ihre zahlreichen Theater und Museen und die darauf ausgerichteten Veranstaltungen. Begleiten Sie uns also in einen kurzen Abschnitt über die ganz- und teiljährigen Events, die diese Stadt Ihnen zu bieten hat!

Musikalische Vergnügungen

Beginnen wir mit der Musik. Der wohl größte Anziehungspunkt neben den Bergen ist in Salzburg mit Sicherheit die musikalische Geschichte und Bandbreite, die diese Stadt zu bieten hat. Bekanntermaßen der Geburtsort von Mozart, verehrt die Stadt ihren Sohn und bietet für Mozartliebhaber zahlreiche Gelegenheiten, ihrem Idol näher zu kommen. Wollen Sie etwa das Mozartgeburtshaus, das Mozartwohnhaus oder den Mozartplatz besichtigen, so ist Ihnen das problemlos innerhalb Ihrer Tagestour durch die Stadt möglich. Aber auch musikalisch frohlockt die Stadt immer wieder auf.

Jedes Jahr finden die Salzburger Festspiele statt, ein Festival der klassischen Musik mit zeitgenössischen Aufführungen großer Stücke. Besonders bekannt ist der *Jedermann*, der jedes Jahr vorm Domplatz aufgeführt wird. Der *Jedermann* ist ein Stück, das sich mit Religion und Tod auseinandersetzt. Es ist vor allem bekannt für die durch die ganze Stadt hallenden „Jedermann!"-Rufe, die es einläuten. Kleiner Fun-Fact: Die „Jedermann"-Rufe stellen die Rufe des Todes an den Jedermann dar. Sie können dieses Spektakel sowohl live als auch von einem Bildschirm aus beobachten, der zur freien Ansicht vorm

Residenzplatz aufgestellt ist. Die Festspiele locken aber mit noch viel mehr. Zu dieser Zeit ist die Stadt ganz erfüllt von Menschen aus Nah und Fern, die diese eine Sache vereint: Die Liebe zur Musik. Auch die Felsenreitschule öffnet für Vorführungen ihre Tore, und zudem das große Festspielhaus, das mit einem überwältigenden Klangerlebnis überzeugt.

Aber auch außerhalb der Festspiele kann man sich nicht über das musikalische Angebot beklagen. Die berühmte Musikuniversität Mozarteum hat hier ihren Platz, und sowohl Schüler als auch Dozenten geben das ganze Jahr über Vorführungen und Veranstaltungen, die auch für einen erschwinglicheren Preis zu besuchen sind. Halten Sie Augen und Ohren offen, denn manchmal entdeckt man hier eine Perle, von der man gar nicht gewusst hat, sie finden zu können.

Für zeitgenössischere Musik können Sie das Rockhouse oder das Jazzit besuchen, dies sind Veranstaltungsorte, in denen kleinere Konzerte stattfinden. Aber auch in der Arge Kultur sind Sie hier gut bedient: Neben köstlichem Essen im nebenan gelegenen Restaurant bietet dieser etwas kleinere Veranstaltungsort auch Poetry Slam, Künstlerische

Veranstaltungen, Feten und Konzerte an. Der Veranstaltungskalender ist auf der Website einsehbar und ebenfalls immer wieder für eine Überraschung gut.

Was für ein Theater?

Sind Sie mehr ein Fan der ausagierten Kunst des Theaters, so lassen Sie sich nicht davon abbringen, eines der zahlreichen Theater Salzburgs zu besuchen. An erster Stelle ist auf jeden Fall das Landestheater zu nennen, Salzburgs traditionsreichstes Theater, das mit kreativen und nie langweilig werdenden Inszenierungen lockt. Ob neue Stücke oder Klassiker, von Shakespeare bis Schiller, alles hat hier seinen Platz. Neben den klassischen Theaterstücken führt das Ensemble auch Ballett, Opern und Musicals auf – alles in bester Qualität. Die Schauspieler entlocken dem Publikum Tränen vor Freude und Trauer, berühren und bringen zum Lachen. Wer zufällig da ist, wenn hier ein Stück aufgeführt wird, der gehe nicht vorbei – Ihnen entgeht sonst etwas!

Neben dem Landestheater gibt es weitere kleinere Theater wie das Off-Theater und das Toihaus-Theater, die etwas für den spezielleren Geschmack sind. Das Off-Theater überzeugt mit einem spielfreudigen Ensemble, das auch regelmäßige

Improvisationsabende veranstaltet. Im Toihaus hingegen finden Sie speziellere Inszenierungen, vor allem Ausdrucks-Stücke, die mit Stille mitreißen. Wer ein Kind hat, sollte sich allerdings unbedingt dort einfinden – Neben Tanztheater und Gastspielen veranstaltet das Toihaus nämlich auch Kindertheater, teilweise schon für Kinder ab einem Jahr, das speziell für die Kleinen ausgerichtet ist und immer wieder verzaubert!

Die Stadt tanzt
Etwas weiter fernab vom Tanz und Theater gibt es Stadtfeste, die über das Jahr verteilt Salzburg in ein buntes Gemisch aus Trachten und Farben verwandeln. Da wäre zum Beispiel der eigens in Salzburg bestehende Feiertag Rupertikirtag. Die Kirmes ist für die ganze Stadt eine Freude und zur Feier werden auch ältere Vergnügungen wie ein klassisches Kettenkarussell und ein altes Riesenrad ausgepackt, das meist seinen Platz bei der alten Residenz findet. Speis und Trank dürfen natürlich auch nicht fehlen.

Neben dem Kirtag ist ein immer wieder lockendes Fest auch das Linzer-Gassen-Fest, auf dem sogar Bühnen aufgebaut werden, wo kleinere lokale Musiker ein Standl singen. Kommen Sie in Dirndl und

Lederhose zu diesen Festtagen und mischen Sie sich unter das Salzburger Volk. Hier lernen Sie, wie sich die Bewohner vergnügen und es sich in ihrer wunderschönen Stadt gutgehen lassen.

Zu Weihnachten hingegen ist natürlich ein Christkindlmarkt aufgebaut, und auch die Krampusläufe sollten Sie sich nicht entgehen lassen. Vorm Nikolaustag verkleiden sich hier Männer und Burschen mit Krampus-Kostümen und laufen durch die Getreidegasse, um das Unheil zu vertreiben. Aber aufgepasst: Lassen Sie sich nicht von den Ruten erwischen, denn obwohl sie nur leicht schlagen, kann auch das wehtun. Wer etwas traditionellere Krampusläufe sehen möchte, der sollte rausfahren auf das Land, z. B. nach Grödig, wo dieselben Krampusse eine etwas gruseligere Vorführung geben. Die Grödiger Krampusse arbeiten das ganze Jahr über an ihren Kostümen und Auftritten, und es ist immer wieder faszinierend, was sie zu Stande bringen.

Kleinere Freuden

Wer nach Salzburg reist, der sollte sich unbedingt vorher informieren, ob besondere Veranstaltungen stattfinden oder geplant sind. Wenn man nämlich Glück hat, kommt man gerade zur *Langen Nacht der*

Museen, bei welcher für eine Nacht alle Museen zu einem überaus erschwinglichen Preis geöffnet sind, oder etwa an einem besonderen Feiertag, an welchem eine außerordentliche Veranstaltung stattfindet. Wenn Sie einen Einblick in das alltägliche Leben der Salzburger haben möchten – dies ist Ihre Chance!

Für den Sommer lassen sich neben den Seen im Salzburger Umland außerdem das Aya-Freibad und das neu eröffnete Paracelsus-Bad der Stadt empfehlen. Letzteres hat sogar einen Infinity-Pool, von welchem aus Sie einen Blick über die ganze Stadt haben. Auch eine Sauna darf natürlich nicht fehlen. Wenn Sie allerdings lieber im Freien sind, reicht es im Hochsommer sogar, sich einfach an die Salzachufer zu legen. Sie werden bestimmt sehr braun werden!

ZUM FORTGEHEN

Abendprogramme der weniger fürstlichen Art sind selbstverständlich Salzburgs Pubs und Kneipen. Wer etwas traditioneller trinken will, sollte in einen der bereits erwähnten Biergärten einkehren und sich der Sonne am Abend erfreuen. Für diejenigen, die auch Pub-Musik mögen, bietet der Rudolfskai einen besonders feucht-fröhlichen Vergnügungsort. Die beiden Irish Pubs O'Malleys und Shamrock sind meist gut und international besucht und haben auch immer mal wieder Musiker und Karaoke in petto.

Wer lieber tanzen möchte, der kann sich in einem der Nachtclubs in der Altstadt erfreuen. Das Half Moon und City Beats sind darüber hinaus auch oft Veranstaltungsorte für Studentenpartys oder Motto-Nights. Im Club Soda hingegen findet man eine kleinere Tanzfläche, auf der es sich aber auch gut tanzen lässt.

Mentors und Darwin's bieten ein etwas schickeres Ambiente und teurere Drinks, sind aber beispielsweise für einen stilvollen Cocktailabend sehr geeignet. Gute Cocktails gibt es auch im Havanna. Darts und Kicker spielen kann man hingegen gut im Bricks, einer kleinen Bar, die sich in einer

Nebengasse der Linzer Gasse befindet. Unbedingt lohnenswert und ein kleiner Geheimtipp!

Für wen Abendveranstaltungen der musikalischen Art eher nichts sind, der kann trotzdem damit rechnen, gut entertaint zu werden. Es gibt vier Kinos in Salzburg, die verschiedene moderne und kulturelle Programme haben. Etwas eher Spezielles ist das „Das Kino", gelegen am Mozartsteg in der Steingasse. Größeres Entertainment hingegen findet man am Cineplexx am Bahnhof oder am Flughafen Salzburg. Das Mozartkino ist ein älteres Kino, dass auch mit seiner Geschichte überzeugen kann: Das Kino besteht bereits seit 1904 und ist noch immer im Einsatz.

Auf einen Blick:

Pubs und Kneipen
- O'Malleys
- Shamrock
- Bricks

Drinks

- Mentors
- Darwins
- Havanna

Clubs

- Half Moon
- City Beats
- Club Soda

Entertainment

- Das Kino
- Mozartkino
- Cineplexx Salzburg City
- Cineplexx Salzburg Airport

DER SALZBURGER UND SEINE STADT

Natürlich gibt es nicht den typischen Salzburger. Jeder Mensch, der in dieser Stadt lebt, hat seine eigene Geschichte und sein eigenes Leben. Dennoch gibt es Dinge, die auffallend sind an den Einwohnern der Stadt.

Vielleicht zunächst einmal etwas zum Salzburger Dialekt. Diejenigen, die mit der österreichischen Sprache vertraut sind, hören bestimmt die kleinen, aber feinen Dialekt-Unterschiede zwischen dem Salzburger und Österreichern aus anderen Gegenden. Für das ungeübte Ohr klingt Salzburgerisches Deutsch erst einmal wahrscheinlich musikalisch und melodiös. Es ist fast so, als hätte sich die Geschichte der Stadt in ihrer Sprache wiedergespiegelt.

Wenn man in Salzburg entlang der Salzach schlendert, fallen einem oft zwei Typen Menschen auf: Die Touristen, die staunen, und die Einheimischen, die wissend lächeln. Das Land ist gesund, und die Stadt bietet ihren Einwohnern viel Erholung abseits des Massentourismus'. Lassen Sie sich also von diesem Gefühl etwas mitreißen und werden Sie gemächlich, während Sie an Kirchen und Museen vorbeischlendern. Sie müssen nicht alles sehen – Nicht jeder Salzburger hat alles von seiner Stadt gesehen. Nehmen Sie sich stattdessen Zeit und lassen das Gesehene auf sich wirken.

Im Sommer finden jedes Wochenende Kunstmärkte an der Salzach statt. Kleine Händler und Künstler verkaufen hier süße Andenken und praktische Gegenstände für den Alltag. Dieser Markt erstreckt sich ganz vom Markartsteg bis zum Müllner Steg und bietet ebenfalls Erholsamkeit. Schon bald werden Sie merken, wie Sie ruhiger werden, während Sie entlang der Verkaufsstellen schlendern und die frische Luft, die von der Salzach her weht, genießen. Gehen Sie über den Müllner Steg hinüber und in den Mirabellgarten, setzen Sie sich auf eine Parkbank und lauschen Sie den Vögeln. Natur und Stadt sind in Salzburg miteinander verflochten, soweit wie es nur geht.

Abschluss

KLEINE HIGHLIGHTS

Zum Abschluss darf ich Ihnen noch etwas über meine persönlichen Erfahrungen in Salzburg erzählen. Besonders aufregend ist es, immer wieder neue Wege einzuschlagen und neue Seiten von Salzburg zu entdecken. Gerade die kleinen Gassen verbergen oft Abkürzungen, Street Art oder ganz kleine Geschäfte. Das Schönste ist, die Stadt einfach zu Fuß zu entdecken und auf etwas zu stoßen, das man nicht erwartet hat. Trotzdem werde ich Ihnen hier noch einmal meine kleinen Favoriten der Stadt vorstellen.

Der Aufstieg zum Mönchsberg von Mülln aus, ist mit Abstand der schönste Wanderweg. Man kommt nicht nur an einer kleinen Kirche vorbei, sondern geht auch einen Weg entlang, der teilweise so verzaubert aussieht, als wäre er jahrelang verborgen gewesen. Ich möchte nicht behaupten, dass man besonders sportlich sein muss, um es hinauf zu schaffen – Wer es allerdings ist, dem würde ich empfehlen, hier joggen zu gehen. Einmal hoch, auf der anderen Seite wieder runter und Sie werden wahrscheinlich gar nicht merken wie die Zeit vergeht.

Hinsichtlich der Geschäfte ist *das Fachl* ein besonderer Ort zum Einkaufen. Dieses Geschäft ist auf der Idee aufgebaut, dass junge Entwickler ihre eigens kreierten Sachen in einem kleinen „Fach" ausstellen und verkaufen dürfen. Man kann ein Fach für längere oder kürzere Zeit mieten. Hauptpunkt ist, dass es hier immer wieder kleine, handgefertigte Überraschungen gibt, weil die Fächer immer wieder neu vermietet werden. Ob Postkarten, Essen, Spiele – hier findet man wirklich viele verschiedene Dinge, die allesamt mit Herz und Hand erstellt wurden.

Für Radfahrer und Shoppingbegeisterte ist es interessant, dass Salzburgs größtes Shopping-Center, der Europark, mit dem Fahrrad einfach erreicht werden kann. Dazu muss man nur an den

Bahngleisen entlangfahren, auf welchen auch die S-Bahn fährt. Es geht, je nachdem wo man startet, erstaunlich schnell und zusätzlich zu dem Einkaufserlebnis hat man dadurch auch etwas frische Luft.

Zu guter Letzt noch ein Wort für Buchliebhaber: Abgesehen von den kleinen Buchhandlungen, die bereits erwähnt wurden, gibt es noch die Stadtbibliothek Salzburg, die nicht nur über eine große Auswahl an Büchern verfügt, sondern auch ein kleines Café bietet, die Panaromabar. Dieses Café ist so weit oben gelegen, dass Sie von hier aus sogar weiter entfernte Berge sehen können. Ein schöner Nebeneffekt ist, dass hier die echten Salzburger ein- und ausgehen, da es direkt über der Bibliothek liegt. Genießen Sie also ihren Kaffee ruhig auch dort!

EIN WORT ZUM ABSCHIED

Salzburg Ade zu sagen kann schmerzhaft sein, aber es muss ja nicht für immer sein. Außerdem bedeutet es ja, dass man es genossen hat, oder? Wir hoffen, das haben Sie – und dass ihre Reise durch unsere Begleitung ein kleines bisschen angenehmer wurde. Salzburg ist die perfekte Stadt, um sie wieder zu besuchen. Suchen Sie sich also ruhig im Vorhinein aus, was Sie unbedingt machen möchten, und heben Sie sich auch etwas für das nächste Mal auf. Ich verspreche Ihnen, das wird es sicherlich geben, wenn Sie erst einmal da waren!

Herstellung und Verlag:

BoD – Books on Demand, Norderstedt

ISBN: 9783751960137

© Frauke Ahlers 2020

1. Auflage

Kontakt: Psiana eCom UG/ Berumer Str. 44/ 26844 Jemgum

Covergestaltung: Fenna Larsson

Coverfoto: depositphotos.com